Discours

À LA MÉMOIRE

DE

JULES STEEG

1836-1898

DISCOURS

À L'INAUGURATION DU MONUMENT

ÉLEVÉ SUR LA TOMBE

DE

JULES STEEG

Le 22 Novembre 1903

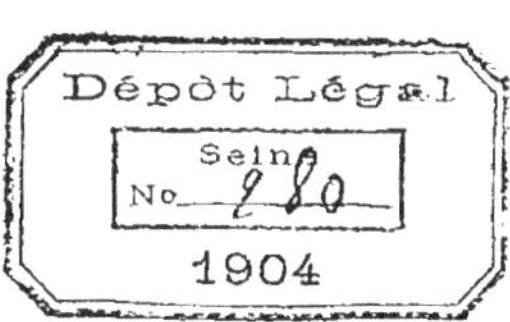

PARIS

TYPOGRAPHIE A. DAVY

5², rue Madame

1904

M. Ferdinand BUISSON

Député de Paris.

Président du Comité d'initiative

Chers amis,

Si celui dont nous venons honorer la mémoire pouvait voir ainsi réunis, auprès de cette tombe, un si grand nombre de ceux qu'il a connus et aimés, je devine ce qu'il nous dirait : « Que faites-vous ici, et à quoi pensez-vous ? Un monument « à moi, à moi qui ai toujours eu horreur du bruit, de l'éclat, « de la mise en scène. Ah, mes amis, vous ne m'avez donc « pas connu ! » Et je le vois, vous le voyez aussi, achevant sa douce gronderie en un de ces sourires où tant de finesse n'empêchait pas de transparaître tant d'exquise et sereine bonté.

Nous pourrions lui répondre : « Cher ami, c'était votre « droit d'être modeste, et c'était votre charme. Nul de nous « l'a oublié. Mais il est un dernier service que, de l'autre « côté de la tombe, les morts doivent encore aux vivants : « c'est de nous permettre l'illusion ou plutôt la certitude « d'une solidarité que la mort même ne rompt pas; c'est « de nous laisser emprunter leur nom pour nous en faire un « mot d'ordre, évoquer leur souvenir et repasser leur exem- « ple pour en perpétuer, longtemps après leur départ, la pé- « nétrante influence. Rien ne nous rappelle mieux nos de- « voirs et nos espérances, notre idéal et notre foi que de les

« unir étroitement à la chère image de ceux en qui nous les
« avons vus en quelque mesure vécus et réalisés.

« Et c'est pourquoi nous sommes ici. Non, cher compa-
« gnon de tant d'années de luttes et de labeurs, ce n'est
« pas une pensée de vanité qui nous amène. C'est une pen-
« sée plus sérieuse et plus digne de vous. Cette pierre com-
« mémorative n'est que le prétexte de notre rencontre, le
« signe matériel d'une communion d'idées et de sentiments
« que nous nous plaisons à prolonger. Il n'est pas besoin
« pour cela d'enfler par de vains discours la portée de vos
« œuvres. Autant que vous, nous avons entendu retentir
« au fond de nous-mêmes le mot, le cri de Pascal : « Qu'est-
« ce qu'un homme dans l'infini ? » Nous ajoutons même :
« Qu'est-ce qu'un homme, qu'est-ce qu'une vie d'homme
« dans la suite des générations humaines ? » Et pour un
« peu nous répondrions en courbant la tête : ce n'est rien.
« Mais nous retenons sur nos lèvres cette parole mauvaise.
« Nous sentons que cet infiniment petit est traversé par
« quelque chose d'infiniment grand : cet être qui ne fait que
« naître et mourir, il a eu le temps, dans cet éclair de vie,
« de participer à la raison universelle, de saisir la loi des
« mondes, de saisir sa propre loi et de s'y conformer par un
« acte d'obéissance volontaire et réfléchie dont il ne sait pas
« lui-même quelle peut être la répercussion dans l'infini.
« N'en est-ce pas assez pour nous interdire de traiter la per-
« sonne humaine en quantité négligeable ? Et y aurait-il
« quelque superstition à l'honorer comme nous le faisons
« aujourd'hui ? »

Excusez-moi, chers amis, si je m'oublie à penser tout haut
avec l'ami disparu, disparu du monde, mais non pas de nos
cœurs. C'est un besoin dont à mon âge on ne sait plus se dé-
fendre. On sent si bien que le meilleur de soi-même est avec
les absents ! Comment se résigner à ne plus converser avec
les Steeg, avec les Pécaut, les Coquerel, les Sabatier, les
Fontanès, pour ne nommer que ceux de la même famille spirituelle ? Quand on a tant et si intimement pensé avec eux,
il semble que l'on ne puisse plus penser sans eux.

Chers amis, ma tâche aujourd'hui est très courte. Je n'ai
rien à vous apprendre. Vous savez l'histoire de cet humble

monument. Il s'est trouvé, au lendemain de la mort de Jules Steeg, des amis connus et inconnus qui voulurent, par un témoignage quelconque, rappeler à eux-mêmes et aux autres qu'ils lui avaient dû beaucoup. Il s'est trouvé que ces obligés étaient plus nombreux qu'aucun d'eux ne le supposait, qu'il y avait des instituteurs et institutrices, d'anciens et d'anciennes élèves, d'anciens camarades, d'anciens auditeurs de ses conférences, d'anciens compagnons de luttes politiques, d'anciens collègues du Parlement, de la presse, de l'administration, de Paris, de la province, d'Alsace, de l'étranger. Il s'est trouvé ensuite un ministre de l'Instruction publique qui a tenu à honneur de s'associer à cette spontanée et touchante manifestation de gratitude publique envers le plus simple des hommes de bien. Il s'est trouvé enfin un artiste qui l'avait connu, qui l'avait compris et aimé et qui mit une sorte de piété filiale à vouloir faire revivre son image dans le granit : c'était le cœur ici qui inspirait le talent.

Telle est l'origine du monument que nous venons inaugurer et qu'au nom du comité d'initiative, je suis heureux de remettre à la famille. Celui qui devrait le recevoir, le fils aîné de notre ami, est le seul qui manque à cette cérémonie. Vous savez pourquoi. Vous savez quel poste d'honneur et de confiance, de péril aussi, Louis Steeg occupe en ce moment bien loin de nous, mais il sait que nous sommes ici, et, si je pouvais vous lire les lignes qui apportaient aux siens, ce matin, ses impressions et ses souvenirs d'enfance, et pour ainsi dire le résumé de l'éducation paternelle, vous y retrouveriez un portrait du père comme seul pouvait le tracer un fils digne de lui.

C'est du fond du cœur que nous la saluons tous cette chère et belle famille autour de laquelle nous voilà rassemblés, cette famille qu'il a tant aimée, qui lui a donné tant de joies, qui lui a fait tant d'honneur, qui le continue si noblement depuis la mère aimée et vénérée à qui vont tous nos hommages émus jusqu'à ces petits-enfants qui garderont au milieu des souvenirs de leurs premières années l'image souriante d'une figure de grand-père illuminée de tendresse.

Merci à vous tous qui avez voulu vous joindre en ce jour

à cette marque de sympathie et à ce témoignage de reconnaissance. Qu'il nous soit permis d'y voir quelque chose de plus encore. C'est Edgar Quinet qui l'a dit: « les hommages « rendus aux morts sont la plus pure et la plus belle forme « de communion entre les vivants ».

M. TH. BECK

Directeur de l'École Alsacienne.
Membre du Comité d'initiative.

Mesdames, Messieurs, chers amis.

Nous inaugurons aujourd'hui le modeste monument que le cœur seul a élevé à Jules Steeg qui fut essentiellement un homme de cœur. Invité par le comité d'initiative à dire quelques mots en cette circonstance, je ne puis mieux faire, ce me semble, que de vous résumer quelques-unes des nombreuses lettres reçues de la part des amis qui nous ont envoyé leurs dons, ou quelques-unes des conversations que nous avons eues avec ceux qui nous les ont remis personnellement. Ce sont comme les parcelles dont cette pierre est faite ! Ces témoignages de vénération et d'attachement eussent été bien plus nombreux, si, nous inspirant du cher absent, nous n'avions voulu nous restreindre aux personnes qui formaient réellement sa famille intellectuelle et morale.

Les lettres et les entretiens consacrés à Jules Steeg nous ont dépeint l'homme tout entier, en faisant ressortir ou sa vive intelligence, ou ses sentiments généreux, ou son noble caractère, ou sa haute conscience, ou enfin sa ferme initiative. Les uns ont relevé son amour intense de la liberté, son indignation de toutes les servitudes et de toutes les tyrannies, d'où qu'elles viennent, de l'Église, de l'État ou de la Société. D'autres ont parlé de son œuvre émancipatrice dans l'école primaire qu'il voulait dégagée de tout ce qui asservit l'esprit, dessèche le cœur et fausse la conscience ; école d'éducation libérale, morale et patriotique, fidèle aux principes de la démocratie française. Quelques-uns ont fait ressortir son idéalisme religieux, n'admettant comme vraie que la religion vivante et personnelle, celle qui jaillit des profondeurs de l'être, celle qui, comme l'arbre, se reconnaît à ses fleurs et à ses fruits. Ceux-ci ont rappelé la lucidité et la vigueur de sa pensée qu'il savait mettre à la portée de tous ; ses discours ou conférences où le bon sens était toujours spirituel et l'esprit toujours plein de bon sens ; sa parole, exempte de prétentions oratoires, mais toujours éloquente, persuasive et entraînante. Ceux-là ont évoqué l'homme aimable, complaisant, toujours prêt à obliger et à servir, mais surtout l'homme d'action, ne ménageant ni son temps ni ses forces et défiant la fatigue lorsqu'il s'agissait d'une œuvre de progrès et de liberté, de l'affranchissement des esprits et des consciences, de l'amélioration matérielle et morale du peuple.

Tous ont apprécié sa fidélité à la conscience, cette fidélité qui jamais n'a connu les compromis, les intrigues, les habiletés où on laisse toujours quelque chose de son honneur et de sa dignité; tous ont rendu témoignage à sa parfaite sincérité, à son courage moral, qui ne s'est jamais laissé abattre ou même intimider, à son énergie presque audacieuse qui s'affirmait avec éclat quand les circonstances l'exigeaient, aussi bien qu'à son exquise bonté qui souriait dans ses yeux vifs et rayonnait dans son doux regard ; tous enfin ont exalté son fervent patriotisme qui ne séparait pas la France de la République et qui le sollicitait sans cesse pour rendre plus intense la vie nationale. Oui, l'amour de la patrie, ardent, passionné, a été l'un des plus puissants ressorts de son infatigable activité, de son intarissable dévouement !

Ah ! certes, cet homme de combat qui ne craignait pas la bataille, mais dont le caractère fut essentiellement paisible et pacifique, ce lutteur qui se jetait énergiquement dans la mêlée pour combattre l'ignorance et la superstition, l'intolérance et l'esprit sectaire, le mensonge et l'hypocrisie, mais qui était surtout une nature conciliante, altérée de paix et de fraternité, cet homme a tracé ici-bas un large et profond

*

sillon où la moisson continue à mûrir pour devenir elle-même une semence féconde.

Voilà ce que nous avons recueilli dans les lettres des souscripteurs et dans les entretiens que nous avons eus avec eux.

Permettez-moi de vous dire quelques mots encore du père et de l'ami ! Quand nous quittons le champ d'activité publique de ce modeste, de ce vaillant, pour entrer dans le cercle de sa famille, nous ne sommes pas moins édifiés.

Si le foyer peut être, ce que personne ne met en doute, une source et une condition de bonheur, Steeg a été certainement un homme heureux. Elle est la première à le constater, notre chère amie, celle qui a formé avec lui une même scrupuleuse conscience, un même cœur épris d'un même idéal, celle qui a, comme il l'a eu, le don de jouir des joies de la famille, et d'en jouir pleinement.

C'est là aussi que s'est affirmée la personnalité de Jules Steeg, si merveilleusement équilibrée, faite d'harmonie et de sympathie. Il savait être en communion constante avec ses enfants dont il favorisait le développement bien plus en leur laissant une certaine indépendance et en stimulant chez eux le sentiment de la responsabilité qu'en faisant acte d'autorité paternelle. Jamais cette autorité ne se traduisait par la vivacité du ton, par quelque violence de langage, par la dureté du regard ou par l'amertume des reproches; elle s'exerçait tout naturellement avec une calme fermeté, une imposante mansuétude et une infinie douceur. En raisonnant tout simplement il a su former la raison de ses enfants, en ouvrant son cœur tout grand, il a su ouvrir leur cœur. Mais son grand moyen d'action c'était l'exemple vivant. C'est par la puissance de l'exemple qu'il a fait l'éducation de ses enfants, c'est cet exemple dont il a su pénétrer leur individualité, c'est de cet exemple qu'ils se sont nourris, c'est l'exemple qui leur a permis de devenir des hommes et des femmes dignes d'un homme tel qu'a été leur père. Leur attachement et leur tendresse avaient leur source dans le plus profond de leur être, parce qu'ils avaient le sentiment que ce père était pour eux le meilleur des amis. Leur respect qui était de la vénération, procédait de la conviction que nul ne pouvait être un guide plus sûr, un conseiller plus digne de confiance. Ce que Steeg a été pour ses enfants, il le fut aussi pour leurs épouses et leurs époux qu'il enveloppait de la même sollicitude, du même amour paternel.

Ce patrimoine, ils le lègueront, les uns et les autres, à leurs propres enfants, à ces chers petits qui faisaient le bonheur de grand-père. Quel épanouissement, quels élans de gaieté, quelle puissance d'expansion lorsqu'il était entouré de ses petits-enfants qu'il adorait, qui créaient en lui comme un cœur nouveau avec autant de tendresse, mais avec plus d'attendrissement. Il se donnait à tous et à chacun, s'oubliant soi-même, pour ne penser qu'à eux.

Comment nos souvenirs ne se porteraient-ils pas vers cette retraite tranquille au bord de la mer, vers ce séjour de doux et fortifiant repos, à l'époque où personne ne manquait au foyer, où grands et petits, tout rayonnants de joie, ne formaient qu'un cœur et qu'une âme ! C'est, hélas, le cher autrefois !

C'est là aussi que quelques privilégiés ont éprouvé — beaucoup d'autres l'ont éprouvé ailleurs— ce que l'amitié de Jules Steeg avait de fort et de bienfaisant. Il se dégageait de sa personne je ne sais quoi de paisible, de reposant et d'encourageant; on trouvait chez lui de bons conseils, de sages directions, mais aussi du délassement et du réconfort; on sentait à son contact comme un rafraîchissement intellectuel et moral; on le quittait plus dispos, plus alerte, mieux équilibré, mieux armé. Il nous apprenait tout naturellement à voir plutôt le bon côté des hommes et des choses, à ne jamais juger témérairement, à n'accuser qu'à bon escient et à excuser toujours, à être indulgents envers autrui autant que sévères envers nous-mêmes. Par le seul rayonnement de sa bonté, il nous incitait à la bienveillance et à la pitié, tout en nous entraînant à l'action par sa courageuse initiative.

Il a été pour ses amis une leçon vivante de vrai libéralisme, de parfaite sincérité, de force morale et de sereine activité. Que de fois, depuis son départ d'ici-bas, nous sommes-nous, tous, membres de la famille et amis, inspirés de ses pensées, de ses sentiments et du bel exemple qu'il nous a laissé. Vraiment, nous pouvons affirmer que jamais absent

n'a été plus présent, que jamais mort n'a été plus vivant !
Oui, très vivant par l'influence qu'il a exercée sur tant d'esprits et par son action morale qui, comme vient de me l'écrire
son fils aîné, notre cher Louis, a été « son originalité, sa
force et le but de sa vie ».

Après avoir passé quelques moments précieux avec notre
ami Jules Steeg, nous nous séparerons tout à l'heure, non
sans éprouver une réelle satisfaction de voir sa mémoire
consacrée par ce granit, qui, résistant mais passager, est le
symbole d'une reconnaissance infinie et d'un amour éternel.

M. GASQUET

Directeur de l'Enseignement primaire.

Délégué de M. le Ministre de l'Instruction publique.

M. le Ministre empêché m'a chargé de le représenter auprès de vous et d'apporter en son nom à Jules Steeg l'hommage que lui doit l'Université.

Je devrais me borner à l'expression aussi simple que sincère de cet hommage. Que pourrai-je ajouter, en effet, aux
éloquentes et pénétrantes paroles que nous venons d'entendre, à l'écho des souvenirs émus qu'elles ont évoqués en
cet auditoire de parents et d'amis? J'ai à peine connu
M. Steeg; je n'ai pas été admis à la faveur précieuse de son
intimité; je ne l'ai guère entrevu que dans des comités et des
commissions, dont le caractère officiel éloignait toute idée
de conversation familière et de mutuels épanchements.

Toutefois, la nature, réagissant sur le milieu, permettait
de goûter la droiture de son jugement, la grâce et l'humour
de son esprit, sa bienveillance éclairée. Ces qualités aima-
bles et fortes l'imposaient à quiconque avait le privilège de
l'approcher. Et malgré la modestie où il cherchait volontiers
à se retrancher, sa réputation, l'éclat des services rendus à
la cause de la République et à celle de l'enseignement, le
désignaient à l'admiration et à la reconnaissance de ceux
qu'il avait précédés dans la lice. On se souvenait du rôle im-

portant qu'il avait joué dans nos assemblées publiques, qu'il avait été associé de bonne heure aux vues et aux plans de Jules Ferry pour la réorganisation de notre enseignement national, et qu'il avait été le compagnon, l'ami, le frère d'armes de Pécaut, de Buisson, de ces éducateurs, que le grand ministre appela près de lui, comme des lieutenants fidèles, pour servir ses projets et imposer ses réformes.

La séduction exercée sur M. Steeg par l'œuvre démocratique à édifier et à parfaire fut si forte que, délaissant la politique militante, il se voua tout entier à l'enseignement. Il entra dans nos rangs comme un vétéran éprouvé, qui, après avoir travaillé à la conception des lois scolaires, désire veiller de près à leur exécution. Il accepta les fonctions d'inspecteur général. Il succéda à Pécaut comme directeur de cette maison de Fontenay, qui avait eu toutes les prédilections de son ami, et qu'il considérait comme le chef-d'œuvre de sa pédagogie; maison de paix et de travail, où, dans l'isolement d'une nature gracieuse et recueillie, sous la forte et saine discipline de maîtres de choix, s'élève et se prépare l'élite des jeunes filles qui seront les éducatrices de notre démocratie féminine. Confident des pensées intimes du fondateur, M. Steeg estimait, comme lui, qu'on ne pouvait tenir assez haute la source appelée à vivifier les couches profondes auxquelles s'adresse l'enseignement populaire, que nul aliment n'était trop délicat pour leur cerveau, aucune morale trop élevée pour leur cœur. Hélas ! la mort le prit avant que le temps lui permît d'ajouter son empreinte personnelle, à celle si profonde qu'avait laissée son prédécesseur.

L'oubli, pareil à la fine poussière qui enveloppe et ouate le contour des choses, s'appesantit peu à peu sur les noms et les œuvres des hommes. Ceux-là seuls échappent à la condition commune qui ont mérité de durer. Jules Steeg fut assurément de ces privilégiés. Il vivra dans la mémoire de ceux qui l'ont connu et aimé, par le souvenir des exquises qualités de son cœur, perpétué par cette belle et nombreuse famille, qui lui fut une couronne et un orgueil de son vivant, qui est son témoin et sa justification après sa mort. Il vivra pour la foule obscure de cette survivance que le marbre ou le bronze, maniés par un habile artiste, donnent aux créatures d'un jour, quand cet hommage consacre toute une existence vouée au dur labeur, au bien public et, pour tout dire, à la réalisation de l'idéal le plus élevé.

M. OBISSIER SAINT-MARTIN
Sénateur de la Gironde.

Messieurs,

Au nom des républicains de l'arrondissement de Libourne, spécialement au nom des trois groupes républicains libournais : le Cercle des Girondins, le Comité républicain et l'Union républicaine, je viens, devant ce monument funéraire, rendre hommage à la mémoire toujours vivante et toujours honorée parmi nous, de Jules Steeg.

Pasteur du ressort consistorial de Gensac, Jules Steeg entra en 1870 dans la politique militante : il fut rédacteur en chef à Libourne, successivement du *Progrès des Communes*, du *Patriote* et de l'*Union républicaine*. En 1881 la troisième circonscription de Bordeaux le choisit comme député et il fut réélu au scrutin de liste en 1885. A la Chambre, il soutint les Cabinets Jules Ferry, Rouvier, Tirard. Il défendit comme rapporteur, en octobre 1886, le projet de loi sur l'instruction primaire.

Ses dernières années appartinrent à l'administration. Il remplit les fonctions d'inspecteur général de l'Université, et enfin il fut appelé à la direction de l'Ecole Normale primaire supérieure de jeunes filles à Fontenay-aux-Roses. C'est à ce poste d'honneur et dans le plein épanouissement de ses hautes facultés qu'il a été frappé tout d'un coup, par la mort, mort muette et traîtresse.

Je rappelle seulement à grands traits les diverses phases de sa vie et je ne voudrais pas affaiblir, en le répétant, tout ce qui a été dit à sa louange par des voix plus éloquentes que la mienne. Mais pour remplir la mission qui m'a été confiée comme pour répondre à l'impulsion de mes propres sentiments, je demande la permission d'insister un peu sur les années qu'il a vécues dans l'arrondissement de Libourne, sur les brillants services qu'il y a rendus et comme journaliste et comme orateur politique.

La bataille est rude encore aujourd'hui, elle l'était davantage à l'époque. Jules Steeg combattit par la plume, avec quelle ardeur, avec quel succès ! Il avait l'ironie fine, l'érudition sûre, l'argumentation serrée, irréprochable. Tout ce qu'il écrivait respirait la conviction la plus sincère et son invincible foi dans le progrès indéfini par la République. Rompu aux exigences de la polémique courante, il fut toujours prêt à l'attaque ou à la riposte; mais s'il était polémiste infatigable, il était aussi lettré délicat, et sa pensée alerte et vive, trouvait toujours l'expression choisie en même temps que courtoise, d'autant plus pénétrante et incisive.

Jules Steeg avait la plume, et il avait cette autre arme, la parole. Il fut un maître dans l'art de bien dire. Il intéressait et captivait par l'originalité de ses aperçus, la chaleur de ses élans, la force de sa dialectique et la correction impeccable de sa langue. Je l'ai vu bien des fois tenant une foule attentive comme attachée à ses lèvres et puis l'agitant et la soulevant dans le facile effort d'une éloquence naturelle, puissante par la merveilleuse adaptation des pensées et des termes. Car il savait parler à la foule le langage qu'elle devait entendre, il savait porter la conviction dans les esprits en les échauffant et en les charmant. Il a parcouru pendant des années l'arrondissement de Libourne, semant ainsi le bon grain, inépuisable dans son activité, dans sa force de propagandiste et d'apôtre. Il a remué profondément et transformé cet arrondissement devenu, grâce à lui, républicain.

Sa vie, fort occupée, avait cependant quelques loisirs; il les employait à des études dans lesquelles on peut reconnaître et suivre la direction maîtresse de son caractère et de ses préférences intellectuelles. En repassant la nomenclature de ses œuvres, j'ai remarqué son goût pour les spéculations morales. Dans plusieurs ouvrages destinés particulièrement à la jeunesse, il a cherché à codifier en quelque sorte les principes de la morale, cette règle des actions humaines. Je note avec soin cette tendance de Jules Steeg, homme moral dans la plus stricte et à la fois la plus large acception du mot et de l'idée.

Il connut toutes les vicissitudes de l'existence, les grands espoirs et les grandes déceptions, et il traversa la bonne comme la mauvaise fortune avec une rare égalité d'âme, toujours maître de lui-même, toujours supérieur à sa situation matérielle. Il s'élevait à ces régions sereines où l'esprit, tout illuminé des clartés scientifiques, plane et vole, libre et désintéressé.

Ceux qui n'ont pas connu Jules Steeg dans son intimité ne l'ont réellement pas connu. L'homme public faisant place au philosophe et au père. Quelle gaieté vaillante, quelle simplicité distinguée, quelles affections fortes et délicates animaient l'humble foyer des premiers et mauvais jours, foyer embelli par la grâce de la meilleure et de la plus dévouée des épouses et des mères, à la porte duquel la hideuse calomnie usait vainement ses dents et d'où sont parties de jeunes femmes devenues la joie d'autres foyers et de courageux jeunes hommes qui font avec éclat leur chemin dans le monde. Tous gardent pieusement la mémoire de celui qu'ils ont aimé, qu'ils aiment, qui fut leur force. Je les salue tous respectueusement, affectueusement.

Cette noblesse de vie de Jules Steeg l'a soutenu dans toutes les épreuves ; elle le récompensait par la satisfaction du devoir accompli ; il a, par elle, conquis ses amis et s'est imposé à ses ennemis, rendus impuissants dans leurs attaques. Les populations libournaises l'admiraient dans ses vertus domestiques en même temps qu'elles applaudissaient à son grand talent. Elles lui sont demeurées reconnaissantes des efforts heureux qu'il a tentés pour les arracher à l'étreinte réactionnaire. Et moi, leur modeste interprète, je m'incline devant ce monument et, en leur nom comme au mien, je dis le suprême adieu à l'ami dont elles ont conservé le souvenir mêlé à celui des luttes héroïques soutenues par les républicains unis et enthousiastes, pour la justice et la liberté !

M. DORMOY
Député de Bordeaux.

Messieurs,

Les républicains de la Gironde s'associent de tout cœur à l'hommage que vous rendez aujourd'hui à la mémoire de Jules Steeg.

Son œuvre d'émancipation laïque et républicaine est encore vivante parmi eux. Ils se souviennent de cette époque de lutte pleine de dangers, semée d'épreuves douloureuses, où il prodigua, sans compter, une ardeur généreuse et un courage admirable pour conquérir pied à pied, sur le cléricalisme tout-puissant, les libertés dont les générations actuelles n'apprécient peut-être pas tout le prix.

Ceux-là seuls, qui ont vécu avec lui ces heures difficiles, savent la reconnaissance qui est due à l'homme éminent dont nous célébrons le souvenir.

. . . .

. . . .

C'est, vers la fin de l'Empire, contraint par une santé délicate à fuir le climat du Nord, que Jules Steeg vint s'établir à Libourne. Enfant du peuple, profondément attaché aux idées libérales et démocratiques, il apportait dans notre Gironde, une âme d'apôtre servie par une haute culture intellectuelle et un merveilleux talent de parole fait de clarté et de simplicité.

Comme tous les grands esprits de son époque, il souffrait profondément du régime d'oppression sous lequel il vivait. Le manque de liberté lui causait un malaise douloureux. Il s'en rendit bien compte lorsqu'il fut convié, par son ami Ferdinand Buisson, alors l'un des chefs du parti libéral de Neufchâtel, à venir s'associer à l'œuvre d'émancipation intellectuelle qu'il avait entreprise.

Il alla en Suisse pour étudier comment il pourrait se consacrer à la propagande populaire qui convenait si bien à sa nature et à son talent. Ecoutez en quels termes il s'ex-

prime sur sa visite : « Quelle impression me fit cette libre
« République de Neufchâtel ! C'était sous l'Empire, en 1868.
« J'étais habitué à l'air enfermé, au silence, à l'inertie du
« régime despotique. Ce peuple libre, fort, allant et venant,
« parlant haut, ces réunions, ces petits journaux à bon mar-
« ché, ces magnifiques écoles, palais véritables à côté de
« nos pauvres classes, tout ce spectacle m'électrisait ! J'étais
« touché à la pensée d'entrer dans ce mouvement, de me
« consacrer à cette propagande libérale, de créer autour
« de moi l'affranchissement des vieilles croyances et des
« vieilles superstitions ! »

.   .   .   .

Mais sa santé délicate ne lui permit pas d'accepter la voca-
tion qui s'offrait à lui si pleine de promesses et ses amis lui
conseillèrent de décliner les offres qui lui étaient faites.

Ce fut un gros chagrin ; il était séduit par ce pays, par ces
républicains, par ces mœurs, par la perspective d'une activité indépendante et féconde ! Quel contraste douloureux
avec sa petite ville de Libourne !

C'est dans ce voyage qu'il résolut, « puisqu'il ne pouvait
vivre et agir dans ces libres régions, de vivre et d'agir en
France de façon à amener l'avènement de la liberté et de la
victoire d'un peuple nouveau. »

La Gironde n'a point oublié comment il a tenu sa promesse
et avec quel succès il a organisé, en plein Empire, des conférences à Libourne et dans tout l'arrondissement, avec quel
éclat il a dirigé ce modeste journal *Le Progrès des Communes* qui a joué un rôle si utile à la cause républicaine.

.   .   .   .

Après la chute de l'Empire, le nouveau régime n'eut, tout
d'abord, de républicain que le nom, il fallut fonder la République. Dans cette période, la vie de Jules Steeg est particulièrement digne de notre profonde admiration.

Partout où il y eut à apporter des lumières et des encou-
ragements, partout où il y eut des dangers à braver, on le vit
plein d'une inlassable énergie accomplir son devoir avec la
simplicité souriante qui était la marque de son caractère.
Il déchaîna contre lui les haines les plus acharnées et il
eut cruellement à souffrir des victoires même de son parti.

Vous vous souvenez, j'en suis certain, de sa comparution en 1872 devant la Cour d'assises, accusé d'avoir outragé et tourné en dérision la religion catholique. Sous la République de Thiers, sous les ministères de Dufaure et de Jules Simon, le cléricalisme était arrivé, en France, à un degré d'audace vraiment inouï. La congrégation posait la main sur toutes les bouches et sur toutes les plumes et nous étions menacés de descendre au régime de l'Espagne ou du grand roi Louis XIV.

Un article paru dans le *Progrès des Communes* sur l'Eucharistie, le jour de la Fête-Dieu, avait déterminé une plainte fielleuse de cinquante cléricaux et occasionné les poursuites.

Il s'agissait d'une vigoureuse critique de la transsubstantiation où Jules Steeg montrait l'absurdité de ce dogme.

Il défendit lui-même sa cause dans un merveilleux plaidoyer qui est un chef-d'œuvre de lumineuse clarté, de noble indignation, de spirituelle ironie, et de profonde érudition.

A l'avocat général réclamant « un verdict de culpabilité dans cette petite affaire, de ce petit journal, publié dans une petite ville, pour un délit puni d'une petite peine », il adressa une fine et cinglante protestation.

« Je remercie, M. l'avocat général de la courtoisie avec
« laquelle, il a bien voulu nous traiter. Il nous a rappelés à
« la modestie. Nous sommes, a-t-il dit, petits, petites gens,
« petit journal, dans une petite ville... Mais je ne crois pas
« que la cause soit petite. Il me semble que quand on pro-
« nonce, dans une enceinte, les grands mots qu'il vient de
« prononcer : liberté, conscience, religion, foi, il me sem-
« ble, dis-je, que c'est là une grande cause et si les gens qui
« la représentent sont petits, comme ils le sont, en effet, la
« cause les grandit. »... Et plus loin il ajoutait :

« M. l'avocat général proteste de son respect pour la li-
« berté des cultes, il déclare même que c'est en son nom que
« nous sommes poursuivis. La liberté des cultes c'est sans
« doute une grande conquête. Il me souvient qu'il y a cent
« ans un avocat général aurait requis, non pas une petite
« peine, dans un petit procès — une correction de cinq an-

« nées de prison - mais il aurait envoyé le criminel à la
« potence, à la roue, au bûcher.

« Quand on se saisissait de la personne des ministres de
« la religion réformée, on commençait par leur couper la
« langue; aujourd'hui on a la bonté de m'accorder la parole.
« Mais il ne suffit pas de proclamer la liberté des cultes, il
« faut encore qu'elle ait son plein effet. La liberté des cultes
« ce n'est pas le droit d'avoir une religion enfermée dans des
« murs; non, mais bien d'avoir une religion qui puisse s'af-
« firmer, s'exprimer, se produire au grand jour, se répandre
« et empiéter par la propagande sur les religions rivales.

« Il n'y a pas de liberté s'il n'y a pas de liberté de propa-
« gande ! »

Vous vous souvenez de l'acquittement qui termina ces
poursuites, qu'on croirait d'une autre époque, et du retentis-
sement de ce procès odieux.

. . . .

Il semblait que Jules Steeg, avec d'aussi éclatants états de
services à la cause républicaine, fût tout désigné pour jouer
un grand rôle politique. Ses amis l'engagèrent à se présen-
ter aux élections législatives de 1876 dans une circonscription de Bordeaux. Mais on avait compté sans les haines ac-
cumulées dans les batailles et sans les rancunes inassouvies
des cléricaux vaincus.

Tout fut mis en œuvre par eux, jusqu'à l'inénarrable abbé
Chavauty afin de le faire échouer, et notre ami dut attendre
jusqu'en 1881 pour entrer à la Chambre des Députés.

L'œuvre qu'il accomplit au Parlement vous la connaissez.
Il lutta avec Jules Ferry contre le cléricalisme, pour l'école
laïque et contre l'extrême gauche pour la grandeur de la patrie et pour son expansion coloniale.

Il fonda le groupe de l'Union républicaine dont il fut le
premier président et après sa réélection de 1885 travailla
comme rapporteur de la grande et féconde loi de 1886 sur
l'organisation de notre enseignement primaire.

Mais, là encore, dans cette nouvelle carrière où il réussis-
sait si complètement, il fut victime de l'ignorance et de l'ingratitude de ses concitoyens.

En 1889, il ne fut pas réélu par cette démocratie à laquelle il avait consacré toute l'ardeur de sa jeunesse, toute la vigueur et toute l'énergie de son âge mûr.

Attristé, découragé, sans situation, il traversa des heures bien cruelles où cependant, comme il se plaisait à le répéter, il trouva dans l'affection des siens, dans le courage et le dévouement de ses enfants, une réconfortante consolation.

Il songeait, avec un serrement de cœur bien douloureux, à aller vivre à l'étranger où on lui offrait une situation, lorsque le gouvernement de la République, reconnaissant enfin ses services et sa valeur, lui donna une haute situation dans l'enseignement primaire.

D'autres vous ont dit, mieux que moi, quelle fut son œuvre pédagogique, quels livres exquis il a pu écrire, quelles admirables leçons il a su donner, comment il continua l'œuvre si grande et si belle de Félix Pécaut.

Son talent s'était encore enrichi ; toutes ses qualités de conscience et de bonté, de finesse et de clarté s'étaient pleinement épanouies au contact de jeunes âmes à former.

. . . .

En pleine vigueur cérébrale, en pleine lucidité de pensée, en pleine jeunesse intellectuelle, tout à coup, un jour de mai, la mort le frôla de son aile et l'entraîna, sans douleur, sans lutte, sans résistance ; son cœur qui avait souffert silencieux, usé peut-être par les injustices, les haines et l'ingratitude, cessa brusquement de battre... C'est ici sa dernière demeure. où il est venu, il y a cinq années, accompagné par sa famille en pleurs, et par l'Université en deuil.

Son œuvre était accomplie ! Mais le souvenir d'une carrière si bien remplie, si féconde, si généreuse, faite d'abnégation et de dévouement, devait être rappelé aux générations futures par un monument impérissable.

Des amis diligents ont pris le soin de le faire élever.

C'est au nom des Députés de la Gironde qui sont ici, des amis lointains qui n'ont pu venir, que le fils d'un des compagnons de lutte de Jules Steeg, son modeste successeur comme Député de Bordeaux, vous remercie de l'avoir associé à cette œuvre pieuse de justice et de reconnaissance.

Il le fait avec tout son cœur, gardant précieusement la mémoire de l'accueil quasi paternel que le cher disparu lui fit jadis à son foyer, renouvelant à cette veuve inconsolable et à ces enfants dignes de leur père l'expression de son affectueuse amitié et de son inaltérable dévouement.

. . . .

Devant le spectacle de cette vie que nous honorons, devant le bel exemple qui nous fut donné, il nous faut sécher nos larmes, élever nos cœurs et répéter ces hautes paroles de Jules Steeg :

« L'histoire est le tribunal suprême. C'est là que compa-
« raissent tour à tour les particuliers et les peuples, les
« Églises, les doctrines, les siècles. Elle est le jury qui pro-
« nonce sur le passé pour l'instruction des contemporains.
« Recueillons ses arrêts et sachons en tirer des leçons sa-
« lutaires. »

M. Théodore BOCH

Brasseur à Lutterbach (Alsace).

Mesdames, Messieurs,

Permettez-moi, comme étant le premier élève en date, de Jules Steeg, de prononcer quelques mots en mémoire de mon maître vénéré.

Ce sont des souvenirs qui remontent au loin, jusqu'à l'époque où il habitait une petite chambre d'étudiant dans la rue Mouffetard, et où, tout jeune universitaire, il s'appliquait à ouvrir mon esprit aux beautés de la langue latine. Il s'efforçait de me les faire aimer, mais il réussit surtout à ce que je l'aimasse lui-même, pour sa bonté, sa patience, son humeur exquise, si bien que, lorsqu'il dut se rendre à la faculté de théologie de Strasbourg, j'obtins de le suivre, pour continuer mes humanités sous sa direction.

Il s'était installé au « Wilhelmitanum » dans le vieux couvent des Dominicains, dont le grand corridor sombre et plein du silence des siècles, ne laissait pas de m'impressionner, jusqu'au moment où j'ouvrais la porte de sa cellule, toute lumineuse de sa jeunesse et de son entrain.

Les leçons qu'il m'y donnait n'avaient rien de l'aridité du programme scolaire. Il me faisait bien traduire Quinte Curse ou Xénophon, mais nous lisions aussi Racine et Molière, Lamartine et Hugo, et surtout, ces traductions et ces lectures, il les vivifiait par ses propres commentaires, qui révélaient la netteté de sa pensée, la culture de son esprit et la noblesse de son cœur. Deux années s'écoulèrent ainsi, jusqu'à son départ pour Montauban. Et maintenant que l'âge m'a donné le recul nécessaire pour juger mon passé, ces deux années, je puis le dire, ont été de celles qui ont éclairé ma vie.

Il partit, ses leçons cessèrent, mais non l'empreinte qu'elles m'ont laissée, ni le culte que je lui avais voué et que je ne cesserai d'entretenir pour sa mémoire.

Bien différentes furent les destinées du maître et celles de l'écolier. Il passa par le pastorat, par la députation, par le haut enseignement, en y tenant la place qui lui était naturelle, c'est-à-dire qu'il s'y fit partout remarquer dans les premiers rangs.

L'écolier qu'il préparait aux études littéraires, devait les abandonner pour se vouer au métier paternel. Mais si leur vie a bifurqué, leur affection s'est conservée à travers toutes les vicissitudes et je suis ici pour en témoigner.

Je voudrais encore ajouter un mot comme Alsacien.

Jules Steeg a dit un jour que dans son cœur, l'Alsace était une seconde patrie.

C'est une parole touchante et que l'Alsace recueille précieusement, car elle a le droit d'en être fière.

En la prononçant, voulait-il dire jusqu'à quel point il partageait ses afflictions, songeait-il aux nombreux amis qu'il lui devait, à l'accueil qu'il y avait reçu, ou bien faisait-il allusion à ce tournant de sa vie, où son âme s'est ouverte à des conceptions nouvelles ?

Je crois en effet que c'est de son séjour à Strasbourg que date l'affranchissement de son esprit et le développement de son sens critique qui lui permirent de s'élever au-dessus des entraves du dogme et qui firent de lui l'adversaire de toutes les réactions. C'est sans doute dans l'air ambiant de la fière cité républicaine qui, depuis le xiv⁰ siècle jusqu'à la

Révolution, avait vécu sous des institutions nettement démocratiques, qu'il respira la notion de la liberté, de même que sa pensée s'est affranchie dans cette bibliothèque, unique au monde et qui renfermait tout ce qui avait été publié sur la Réforme, son histoire, ses doctrines, ses controverses, ses luttes et ses aspirations. Il y fit partie également d'un cénacle d'amis, ardents comme lui à la recherche de la vérité, et dont la plupart devaient parvenir comme lui, à la pleine indépendance de la pensée.

La vieille cité rhénane aura été le berceau de son évolution intellectuelle et c'est avec raison qu'il l'a considérée comme sa seconde patrie.

Depuis, l'ancien cloître des Dominicains a péri par le feu et peu d'années après, la bibliothèque unique s'écroulait sous l'incendie des bombes allemandes. De nouveaux édifices s'élèvent sur leurs ruines, mais leurs pierres n'ont pas l'âme des choses vécues — et ce sont d'autres couleurs qui les pavoisent ! — Le cénacle s'est dispersé, tout un passé a disparu en un jour et avec lui le rayonnement séculaire de la métropole studieuse qui complétait l'unité de la grande patrie.

Toutes ces choses et notre propre déchirement, Jules Steeg les a pleurés avec nous.

Si son esprit est au milieu de nous, qu'il reçoive l'hommage d'un des concitoyens de sa seconde patrie, mais aussi de l'un de ceux dont il a formé le cœur et l'intelligence et qui, malgré tout, se souvient de la devise qu'il lui a enseignée dans ses jeunes années : *Labora et spera !*